学校では教えてくれない大切なこと ⑩

身近な危険
防災と防犯

マンガ・イラスト オオタヤスシ

旺文社

はじめに

テストで100点を取ったらうれしいですね。先生も家族もほめてくれます。

でも、世の中のできごとは学校でのテストとは違って、正解が1つではなかったり、何が正解なのかが決められないことが多いのです。

「私はプレゼントには花が良いと思う」「ぼくは本が良いと思う」。どちらが正解ですか。どちらも正解。そして、どちらも不正解という場合もありますね。

山登りで仲間がケガをして動けない。こんなときは「動ける自分が方位磁石にしたがって下りてみる」「自分もこのまま動かずに救助を待つ」。どちらが正解でしょう。状況によって正解は変わります。命に関わることですから慎重に判断しなくてはなりません。

このように、100点にもなり0点にもなりえる問題が日々あふれているのが世の中です。そこで自信をもって生きていくには、自分でとことん考え、そ

2

本シリーズでは、自分のことや相手のことを知る大切さと、世の中のさまざまな仕組みがマンガで楽しく描かれています。読み終わったときには「考えるって楽しい！」「わかるってうれしい！」と思えるようになっているでしょう。

本書のテーマは「身近な危険・防災と防犯」です。皆さんの身のまわりには、注意しなければならない危険がひそんでいます。転んで軽いケガをするといった小さな危険から、あやしい人に出会ったり、台風や地震などの災害にあったりといった大きな危険までさまざまです。あまりこわがりすぎるのもよくありませんが、「もしかしたら危ないかも…」と考えながら行動することは、危険を未然に防ぐためにとても重要です。また、もし何か危険なことが起こってしまったときに、どうすればよいかを知っておけば、被害を最小限に食い止めることができます。この本を読めば、このような力が身につくはずです。

旺文社

もくじ

はじめに ……… 2

この本に登場する仲間たち ……… 6

プロローグ ……… 8

1章 道路や踏切

事故にあわないために ……… 14

自転車は安全に乗ろう ……… 20

自転車をぬすまれないように！ ……… 26

踏切は危険なところ ……… 28

犬やねこにご用心 ……… 32

2章 外出先

ドライブを楽しく ……… 34

駐車場は事故が起きやすい ……… 38

駅のホームや電車で ……… 42

建物の中でも注意が必要 ……… 46

外出先で家族とはぐれないために ……… 52

危ない遊びとは？ ……… 54

海で楽しく遊ぶために ……… 60

ワルー団の悲劇 危ない生物① ―海― ……… 64

山をナメてはいけない！ ……… 66

ワルー団の悲劇 危ない生物② ―山や野原― ……… 70

本当にこわい川での事故 ……… 72

熱中症にならないためにすること ……… 78

3章 あやしい人

あやしい人ってどんな人？ ……… 80

あやしい人はいつ・どこに… ……… 84

あやしい人から自分を守ろう ……… 90

ちかんに気をつけよう！ ……… 94

留守番中の訪問者にも注意！ ……… 96

安全マップをつくろう！ ……… 97

4章 家の中

電気を安全に使おう …………………… 100

キッチンにある危ないもの …………… 104

手を洗って、ゆっくり食事を ………… 108

アレルギーのことを知っておこう！ … 112

5章 学校

ろうかや教室では走らない …………… 116

遊具でケガをしないために …………… 120

授業中に注意すること ………………… 124

四コママンガ
虫めがねで火が…／デッドボール … 132

6章 災害

地震のとき、どうやって身を守る？ … 134

外出先で大きな地震が起きたら!? …… 140

近年起きた大地震 ……………………… 142

台風のときにしてはいけないこと …… 144

危険！雷をさけるためにすべきこと … 148

ゲリラ豪雨になったら… ……………… 149

火災を防ごう！ ………………………… 150

近くで火災が起きたらどうする？ …… 154

火災への備え …………………………… 155

テロって何？ …………………………… 156

エピローグ ……………………………… 158

スタッフ

● 編集
　高杉健太郎

● 編集協力
　丹羽眞生　岩﨑麻子　城ヶ﨑昌子
　（有限会社マイプラン）

● 装丁・本文イラスト
　オオタヤスシ
　（Hitricco Graphic Service）

● 装丁・本文デザイン
　木下春圭　土屋裕子
　（株式会社ウエイド）

● 校正
　株式会社ぷれす

5

する仲間たち

赤木救太郎　レッド

- ガードレンジャーレッドに変身したときの武器はレッドボール。
- 明るく元気なことだけがとりえ。おっちょこちょい。
- ゲーム，野球，マンガが好き。

青山警吾　ブルー

- ガードレンジャーブルーに変身したときの武器はブルーホーン。
- とにかくキザ。女の子にはモテモテ。
- 救太郎とよく野球をして遊ぶが，ケンカをしがち。

黄田アンジェン沙織　イエロー

- ガードレンジャーイエローに変身したときの武器はイエロービーム。
- 日本人の父親とフランス人の母親のハーフ。
- かわいいが，気が強い一面も。実は救太郎のことが…。

ちびっこ戦隊　ガードレンジャー

神楽坂博士　ハカセ

- ガードレンジャー3人の同級生。3人と仲良し。
- 頭がよく，発明するのが好き。ガードレンジャーの変身用スーツをつくった。
- 危険なことについて，3人にいろいろとアドバイスをしてくれる。
- 山登りをこよなく愛している。

この本に登場

ワルー
- 子どもたちを危険な目にあわせるために宇宙からやってきた。
- 子分A，Bと怪人をつかって，あの手この手でガードレンジャーにわなをしかけてくる。
- なぜか，たまにガードレンジャーを助けたり，助言をしてくれることも…。

子分AとB
- 2人でいつもつるんで，怪人といっしょにガードレンジャーにちょっかいを出してくる。
- 子分Aは少し太り気味，子分Bはやせ気味。子分Bの口ぐせは「ヤンス」。
- いつもガードレンジャーにやられているのに，こりない。

ワルー団

怪人

- ストーミー大佐
- 電気タコタコ
- スクールウォー
- ウイルスマン
- メラメラボンバー
- ヤカンくん
- ケガサセルデ
- チコクサセタロカ

- ひげガール
- サワグー
- シカケタルデ
- バケタッタ
- ツレサルウ

1章 道路や踏切

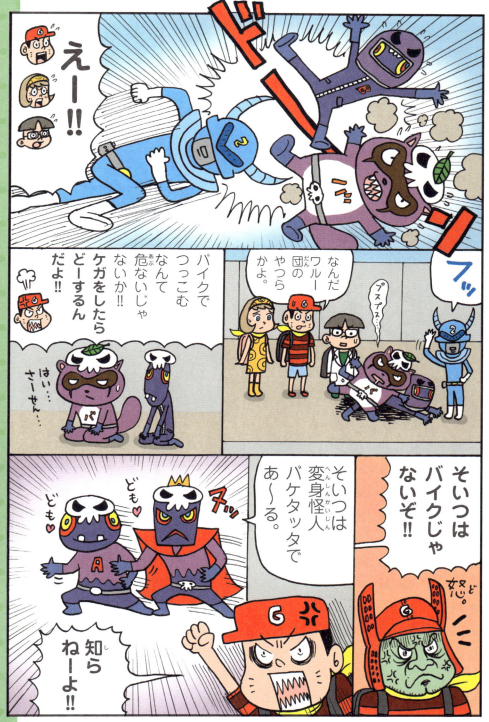

道路を歩くときに気をつけること ①

車道と歩道の区別がない道

- ふざけながら歩かない
- 横に広がらない

車、バイク、自転車のじゃまにならないように歩こう。ガードレールがあってもじゅうぶん注意しよう！

交差点

- 信号を守る
- 飛び出さない

交差点は事故が多いから注意してね！信号が青でもまわりを確認してわたるのよ。

ワルーCHECK！ 道路のわたり方

- 横断歩道をわたる
- 歩道橋を使う

横断歩道のないところは危ない

車が来ないので安全

17　1章 道路や踏切

まだある!! 道路を歩くときに気をつけること ②

みぞ

道路のわきに注意しないと… / かべで頭を打ったり，みぞに落ちてケガをしたりするかも！

雨の日

かさの分，幅が広がるので注意しないと… / かさと，車やバイク・自転車が接触するかも！

電柱・止めてある車

電柱や止めてある車をよけるとき，注意しないと… / 車やバイク，自転車にぶつかるかも！

バカね…。 / 前が見えないだろ…。 / うしろ向きに歩けばいいじゃん。

まわりをよく見て，うしろから来る車やバイク，自転車にも注意を払おう。

自転車はスピードを出しすぎると危ない！

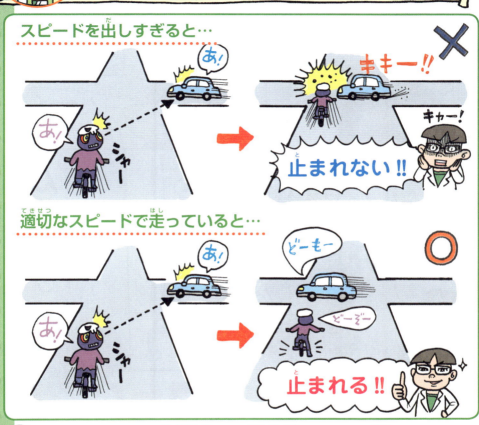

こんな自転車の乗り方は危ない！

● ヘルメットをかぶらない

ヘルメットをかぶっていれば，転んでも頭が守られるよ！

● 2人乗りをする

2人で乗ると，ハンドルやブレーキがきかなくなるわよ。

● ながら運転，手ばなし運転

かさをさして乗るのも危ないよ。

● 横に並んで走る

車やバイクのじゃまになるよ。

自転車は車やバイクと同じ。
自分がケガをするだけでなく，
人にケガをさせてしまうと
大変だよ！

1章 道路や踏切

危険を防ぐためのくふう

●自転車の反射板

明るく光るから，うしろから来た車やバイクが気づきやすいよ。

●自転車のライト

夜やトンネルなどの暗い道ではライトをつけると安全ね。

●道路のカーブミラー

角の向こう側の様子がわかるよ。

●道路の自転車専用レーン

自転車専用の道だから，車や歩行者などにぶつかりにくいよ。

ワルーCHECK! 横断歩道のわたり方

○ 自転車のマークと線があれば，その中をわたる

○ 自転車のマークと線がなく歩行者が多いときは，自転車をおりてわたる

自転車をぬすまれないように！

ぬすまれないためにすべきこと

●かぎを二重にかける

種類のちがうかぎを2つ，前輪と後輪にかけるのがベスト。

●屋内に保管する

屋内に保管すれば，ぬすまれることはまずない。

自転車どろぼうは，ぬすむのに時間がかかるのをいやがるんだよ。

万が一 ぬすまれてしまったら…

●近くをさがしてみる

近くに乗りすてられていることもある。

●警察に届ける

警察に被害届を出して、見つかるのを待つ。

自転車を買うときに防犯登録をしているはずなので、見つかったら、警察から連絡があるよ。

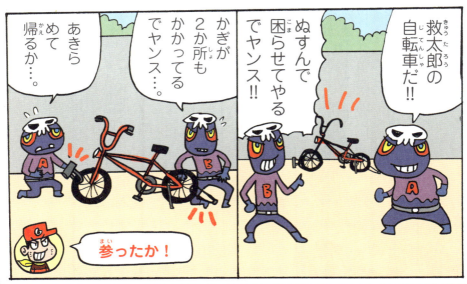

踏切で守ること ①

● 踏切の警報機が鳴り始めたら、絶対にわたらない

● しゃだん機がおりたら、踏切に近づきすぎない

● しゃだん機や警報機で遊ばない

1章 道路や踏切

踏切で守ること ❷

● 踏切内で立ち止まったり, 遊んだり, 線路に立ち入ったりしない

電車が通るので, 大きな事故につながるぞ! 石などを線路に置くのもぜったいにだめ!

● 踏切の中でトラブルが起きたときは, 大人を呼ぶか, 非常ボタンを押す

踏切には電車や駅に異常を知らせる非常ボタンがあるんだ。
※イタズラで押すと罰せられるぞ!

はさまった!!
だれかいませんか!!
自分で助けたらダメ!

しゃだん機の修理が終わるまで、かわりをやってるんだな!!

1章 道路や踏切

犬やねこにご用心

犬やねこにかまれたりひっかかれたりすると、ケガをするだけでなく、病気になることもある。かわいいからといって、むやみに近づかないようにしよう。

かまれたり、ひっかかれたりしたら…

1 水道水で傷口を洗い流す。

2 出血がひどいときは傷口よりも心臓側をしばる。

3 きれいなタオルで傷口をおさえたあと消毒する。

4 ケガがひどくなくても病院へ行こう。

犬の飼い主が守ること

● リードをつけて散歩する

まわりの人に迷惑をかけないように。

● 予防接種をする

狂犬病の予防接種を受けさせる。

ほかの人に危害を加えたり迷惑をかけたりしないようにするのも飼い主のつとめだね。

2章 外出先(がいしゅつさき)

車に乗ったらシートベルトをしめよう

シートベルトをしめていなかったら…

● 車の外に投げ出されて大ケガ

● 車の中で体をぶつけて大ケガ

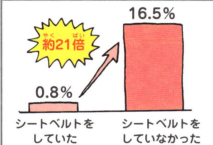

車の外に投げ出された割合のちがい

シートベルト着用に関する統計
警察庁2015年（平成27年）暫定値

助手席だけじゃなく，後部座席に座ったときも，シートベルトは必ずしめるんだよ！

ワルーCHECK! 正しいシートベルトのしめ方

バスやタクシーに乗ったときも，シートベルトを忘れずに！

❶ 正しい姿勢で
❷ 腰ベルトは腰の低い位置で
❸ 肩ベルトが顔や首に当たらないように
❹ 「ねじれ」や「たるみ」がないように

2章 外出先

 ## 車に酔わないためのくふう

こんなときは車に酔いやすい！

●おなかがすいている

→食べものや飲みものを持って乗るようにしよう。

●下ばっかり見ている

→下を見ず，窓から遠くの景色を見るようにしよう。

車に乗っていて気分が悪くなってきたら，車を止めてもらい，休けいしよう！

36

駐車場で絶対に守ること

● 遊ばない

車が出入りするので危ないよ！

● 大人よりも先に車外へ出ない

動いている車にひかれるぞ！

● まわりをよく見て歩く ○

車に乗っている人からは見えないこともあるよ！

● 車の下やかげに入らない

車が動き出すととても危険なので絶対ダメ‼

駐車場は動いている車が多い上に，運転手からは見えにくい場所がたくさんある。

本当に危ない!! 立体駐車場のこわさ

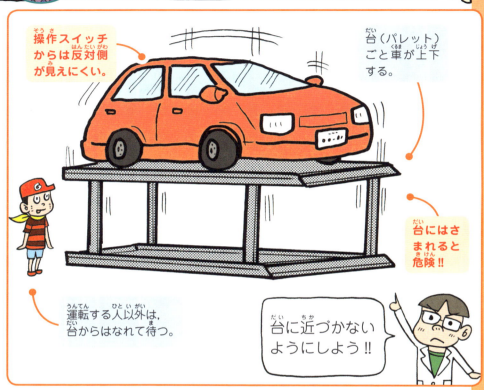

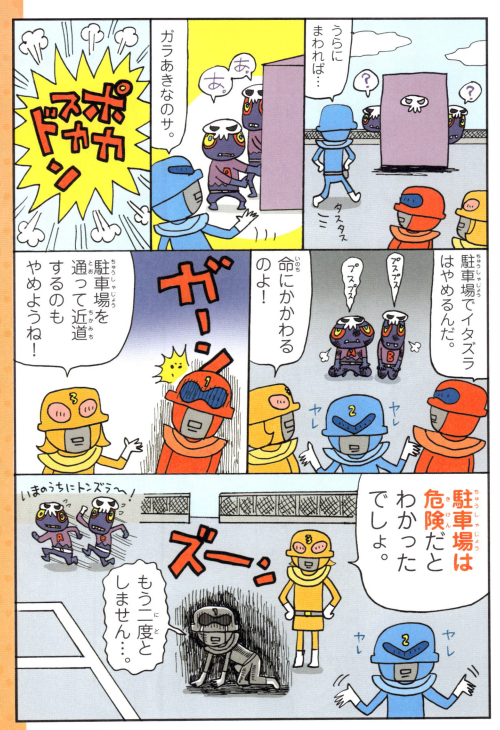

駅のホームや電車で必ず守ること

● ホームや電車で走り回らない

● よそ見をしたりゲームをしたりしながら歩かない

● 電車の中で立つときは、手すりやつりかわにつかまる

● あやしいものを見つけたときは、駅員さんに伝える

44

建物の中でも注意が必要

回転ドアで注意すること

● ドアの中に無理して入らない

1人ずつ入らないとはさまる!!

● 扉の中でドアを押さない

緊急停止して危ない!!

もうケガしてるけど…
回転ドアにはさまると大ケガをするよ!!
二度としません…。

だから言ったのに…。

エスカレーターでしてはいけないこと

●逆方向に進まない

自分もまわりの人も危険！

●走ってのぼりおりしない

転んだら大ケガをする！

段と段のすきまに服やくつのひもがはさまれないよう，黄色のわくの中に立とう!!

●手すりから顔や手を出さない

ぶつけたりはさんだりしてとても危険！

●手すりに荷物を乗せない

落としてしまったら危ない！

48

エレベーターで注意すること

●ドアが完全に開いてから乗り降りする

無理に入ろうとすると、事故のもとになる。

●乗り降りのとき、ドアのすぐ前に立たない

人とぶつかってケガをしたり、ケガをさせたりしてしまう！

●知らない人と2人きりでいっしょに乗らない

ゆうかいやいたずらをされたり、危険な目にあったりするかもしれない。

●乗っているときは、なるべくボタンの近くに立つ

危険を感じたら、すぐに近くの階のボタンや非常ボタンを押そう！

「少しでもあやしいと思ったら、乗らずに引き返そう!!」

「近くの階で降りて助けを呼ぶのよ!!」

外出先で 家族とはぐれないために

家族とはぐれやすい場所

- ショッピングモールなどの商業施設
- 遊園地などのレジャー施設
- 駅などの人が集まる場所

> 人が多く集まるところは，はぐれやすいよ。

家族とはぐれやすい状況

- 何かに夢中になっているとき
- 大人と別行動をしたとき

> 大人といっしょに行動して，はぐれないようにしよう。

もしも家族とはぐれてしまったら…

●はぐれた場所からむやみに動かない

●お店の人や警備員などに，はぐれたことを知らせる

はぐれた場所から動きまわらないことが大切。はぐれた場合に備えて，家族で集合場所を決めておこう。

1人でいる子をねらうあやしい人にも気をつけよう。

家族のところへつれていってあげるウキ！
また おまえか…。
行かない？

2章 外出先

遊んではいけない！ 危険な場所 1

●立ち入り禁止の場所

●さくやフェンスのある場所

立入禁止の看板のおくには危険な場所があるのだ！

ワルーが待ちぶせしてるとか!?

●人目につきにくい場所

ワルーCHECK!

出かける前は家族に行き先を伝えるんだ。

行き先を伝えても危険な場所に行ってはダメだよ。

大人の目の届かない場所をねらった悪いヤツがいることもあるぞ！

おまえが言うな。

2章 外出先

 秘密基地にしたいけど…

危険な場所 2

●人気のない建物

あやしい人がいるかもしれないぞ!!

●家からはなれた場所

道に迷って帰れなくなるかもしれないわ!!

●高いところ（木の上や屋上）

落ちたら大ケガをするよ!!

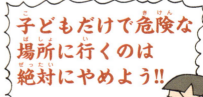

子どもだけで危険な場所に行くのは絶対にやめよう!!

2章 外出先

花火をするときに守ること

●必ず大人といっしょにする

●燃えやすいものの近くでしない

●水の入ったバケツを近くに用意する

●絶対に花火を人に向けない

海の砂浜で注意すること

● はだしで歩かないようにする

石や砂でやけどする。

とがっているものをふんでケガをする。

ビーチサンダルなどをはこう!! 空き缶などごみを捨てるのもダメだよ!!

● 日やけ対策をする

日やけ止めをぬらないと…　　　肌をやけどしてしまう!!

目もやけどするんだよ!! 帽子やサングラスで日光を防ごう!!

海へは大人といっしょに行くんだぞ!!

いきなり出てきた…。

海の中で注意すること，守ること

● 水に入る前に準備運動をする

いきなり水に入ると，足がつってしまうことがあるよ！

● 深いところには，絶対に行かない

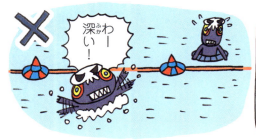

足の届かないところへ行くと，おぼれてしまうよ!!
絶対ダメ!!

● 危険な生き物に気をつける

ライフセーバー

海岸で人を救助するために見守っているんだ！

海には危険な生き物がたくさんいるよ!!

62

ワルー団の悲劇

危ない生物 ❶ ―海―

ささされる クラゲに気をつけよう！

クラゲにさされると，痛いし，はれることもあるでヤンス!!

お盆明けには，危ないクラゲが増えることが多いので，海水浴に行かないようにしよう。

ケガをする危険がある生物たち

● カニ

はさみではさまれる。

● ウニ

ふむとトゲがささる。

● カキなどの貝類

ふむと足を切る。

> ケガをする危険がある生物には近づかないこと。足もとにも注意が必要だ。

生物などでケガをしたら？

● はりやトゲをぬいて，消毒する。

● ライフガードに応急手当てをしてもらい，病院に行く。

> 大人に助けを求めて，すぐに対応してもらうこと！

危険から身を守る！ 山登りの服装・持ち物

帽子
日光や雨から頭や顔を守る。

手ぶくろ
岩場などで手をケガするのを防ぐ。

リュックサック
両手が使えるように。
- 水とう
- 救急セット
- 食料
- タオル
- ごみ袋
- 雨具（雨がっぱ）
- 地図など

長そで・長ズボン
虫さされや植物によるかぶれ、日やけなどから身を守る。

雨がっぱ
雨にぬれて体温が下がるのを防ぐ。

トレッキングシューズ
足場の悪いところでもすべりにくく、足を守ってくれる。

水分をこまめにとって歩こう!!

山の天気は変わりやすいから、雨がっぱを忘れないようにネ。

2章 外出先

山で気をつけること

● すべったり転んだりしないよう、足元に気をつけてゆっくり歩く

ぬれてすべりやすいところも多いよ！ 石にも注意！

● 1人で行動をしない

はぐれて迷子になるよ！

● さくを乗りこえない

さくの外に転落して大ケガをするよ！

● ハチや毛虫などの虫に注意する

ハチは刺激しないようにさけて歩こう！

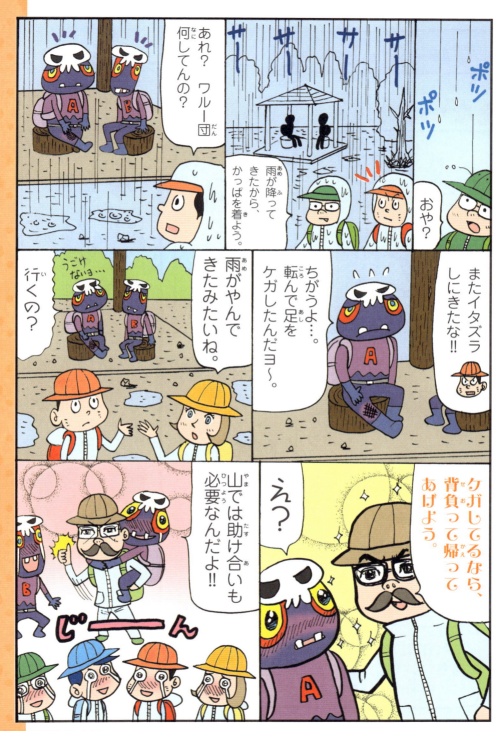

ワルー団の悲劇

危ない生物❷ —山や野原—

出会うと危険な生物

●クマ

不意に出会うと，おそってくることもある。

●サル

目を合わせると，いかくされたと思いおそってくる。

●イノシシ

興奮すると，とっしんしてくる。

これらの動物に出会ってしまったら，落ちついて静かにゆっくりと，背中を見せずにその場からはなれよう。

かまれたり, さされたりすると危険な生物

● ヘビ（ハブやマムシ）　● クモ（セアカゴケグモ）　● スズメバチ

かみついて, 毒を注入してくる種類もいる。　かまれると, はれて痛みが広がる種類もいる。　さされると, 命を落とすこともある。

> ヘビやクモは毒をもつ種類もいるのでさわらないようにしよう。ハチの巣にも近づかないように。

さわったり食べたりすると危険な植物

● うるしなど　● 毒キノコ

さわると肌がかぶれる。　食べると食中毒を起こす。

> 安全かどうか見分けがつきにくいので, むやみにさわったり食べたりしないこと！

> かぶれる植物にさわってしまったら, すぐに水で洗い流そう。

野原で注意すること，用水路やため池でしてはいけないこと

しげみになるべく入らない

- ヘビなどがいる
- ハチの巣がある

危険な生き物がいるよ！

- 石や切りかぶにつまずく
- ぬかるみに足をとられる

足もとが見えにくいから危ないよ！

田畑の用水路やため池に近づかない

田植えが始まると，用水路の水が増えて，危険だよ！

2章 外出先

川の近くでしてはいけないこと

すべりやすいところは通らない

●ぬれているところ　　●コケが生えているところ

すべって川に落ちるかもしれない。
階段以外は通らないように！

こんなときは川に近づかない

●増水したとき　　●川の水がにごったとき

●地鳴りがしたとき　　●川の水が急に冷たくなったとき

これらは**鉄砲水の前ぶれ**だ。雨が降ったあとは川に近づかないようにしよう！

川での事故はおそろしい！

川の事故が起きやすい場所

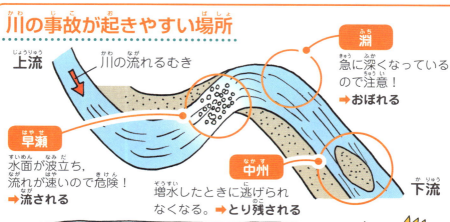

流れが速いところ，深くなるところ，中州に近づかないように！！

命にかかわる事故は，川がいちばん多い

	水難事故数	海	河川	湖・沼地	用水路・プールその他
全体	1491人（うち死者・行方不明者数 740人）	351人（47％）	249人（34％）	50人（7％）	90人（12％）
中学生以下の死者・行方不明者の数	55人	14人（25％）	29人（53％）	6人（11％）	6人（11％）

2014年（平成26年）の水の事故発生件数，警察庁資料より

川には危険がいっぱいだ。川で遊ぶときは必ず大人といっしょに行こう。

76

熱中症にならないためにすること

●こまめに水分をとる

脱水症状になるのを防ぐ。

●帽子をかぶる

直射日光から頭を守る。

●室内ではクーラーを使う

暑さをがまんするのはよくない。

熱中症は命にかかわることもある。暑い日は特に注意。海でも熱中症になることがあるんだよ。

もしも熱中症になってしまったら…

●涼しいところで休む　●水やスポーツ飲料を飲む　●病院へ行く

3章 あやしい人

「あやしい人」ってどんな人？

● 同じところを行き来している人

● 車を止めて，ずっと車の中にいる人

● 自分のあとをついてくる人

● 子どもだけを見つめている人

● 近づいて声をかけてくる人

あやしい人は外見からは判断できないことも多い。変な行動をとる人はあやしいぞ!!

3章 あやしい人

あやしい人を見かけたら，どうする？

近くにいたら…

● 目を合わせない　　● 急いでその場からはなれる

自分に近づいてきたら…

● 防犯ブザーのひもを引く　　● 大声を出して，人のいるところや近くの家へ逃げる

持っているものを捨てて逃げ，近くにいる大人に助けを求めよう!!

あやしい人が現れやすい時間帯

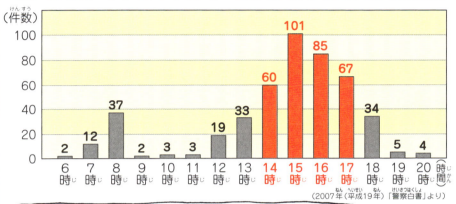

〈子どもがあやしい人に声をかけられた件数（東京都）〉

（件数）

時間	6時	7時	8時	9時	10時	11時	12時	13時	14時	15時	16時	17時	18時	19時	20時
件数	2	12	37	2	3	3	19	33	60	101	85	67	34	5	4

（2007年（平成19年）「警察白書」より）

14時から17時の下校の時間はとくに犯罪にまきこまれやすいので，気をつけて帰ろう。

ワルーCHECK！ あやしい人に声をかけられにくくするには…

● なるべく1人にならない

「1人だなーうしし…。」

あやしい人は1人のときに近づいてくる！

● ふらふら歩いたり，よそ見をして歩いたりしない

「ぼんやりした子がいた…。」

しっかり前を見てさっさと歩こう。ぼんやりしているとねらわれる！

3章 あやしい人

あやしい人が現れやすい場所

●周囲の見通しが悪いところ

まわりから気づかれにくく，あやしい人がかくれやすい。

●人通りが少ないところ

大人の目が届かないので，気づかれにくい。

●歩道と車道がガードレールで分かれていない道

車から出て子どもに声をかけやすい。

●交番が近くにないところ

警察に気づかれにくく，逃げやすい。

> 危ない場所にはなるべく近づかないようにしよう！

ぜんぶうそ！こんな言葉をかけられたら逃げよう！

● 「道を教えてくれる？」

知っていても相手にしない。

● 「車で家まで送るよ」

絶対に車に乗ってはダメ。

● 「お母さんからたのまれて おむかえに来たよ」

お母さんと約束していないのに ついて行かない。

● 「お父さんがたおれたから 病院に行くよ」

知らない人がむかえに来ることはない。

● 「言うことを聞かないと ひどい目にあうよ」

大きな声で助けを呼んで，ダッシュで逃げよう。

知らない人に声をかけられたら，絶対について行かず，逃げよう!!

いざというとき あやしい人につかまりそうになったら

● 防犯ブザーを鳴らす

大声もいっしょに出して，まわりの人に気づいてもらおう。

● 持ち物を捨てて逃げる

相手に投げつけたすきに，一気に走って逃げよう。

● 腕をつかまれたら，かみつく

相手がひるんだすきに逃げよう。

● 逃げられないときは手足をばたつかせる

大声を出して，助けを呼ぼう。

子どもをねらう犯罪者は，大人に知られるのがこわいんだ。
大声で助けを呼ぼう!!

3章 あやしい人

あやしい人から逃げたあとにすること

大人のいる安全なところに行って,「あやしい人」のことを知らせよう！

●近所の家へ　　　　　　　　　●近くのお店へ

「子ども110番の家」の看板がある家やお店もあるので確認しておこう。

「何があったか」「いつどこで」「どんな人だったか」など,覚えていることを伝えるんだ。

ワルーCHECK! 公衆電話の使い方

電話のかけ方
1. 受話器を上げる。
2. お金かテレホンカードを入れる。
3. 電話番号をおす。

自宅の電話番号や親の携帯電話番号をメモしておこう。

通報のしかた
1. 受話器を上げる。
2. 「緊急通報ボタン」（赤色）をおす。
3. 110番をおす。

❷のボタンがなければ,そのまま110番をおせばかけられるんだ!!

110番や119番にかけるときは,お金やテレホンカードはいらない。

ちかんに気をつけよう！

ちかんにあいやすい場所

● **人通りの少ない場所**

見通しの悪い道　　　　　　　夜の公園

● **マンションやビルのエレベーター** （P.50も参考に）

あやしい人と2人きりだと危ない　　あやしいと思ったら，近くの階ですぐ降りる

● **満員電車やバスの中**

ドアの近く　　　　　　　　連結部の近く

できるだけ1人で行動しないように。あやしい人がいないか注意しようね！

94

もし，ちかんにあってしまったら…

●「やめてください」と はっきり言う

●防犯ブザーを鳴らす

●電車を降りて駅員さんなどに伝える

犯人はほかの人に知られるのをきらうから，声を出す勇気をもとう！

盗撮にも気をつけよう

エスカレーターや階段，電車の中，トイレなどであやしい人を見たときは，近くの大人に知らせよう。

留守番中の訪問者にも注意！

訪問者のふりをして，留守の家や子どもしかいない家をねらう悪い人がいる。だれか来たときの対応を，家族で決めておこう！

留守番中に訪問者が来たらどうする？

●すぐにドアを開けない

かぎをしっかりかけておき，知らない人ならドアを開けないようにしよう。

●インターホンで断る

家の人がいるふりをすれば，子どもだけではないと思い，訪問者があきらめる。

緊急連絡先を確認しておき，困ったら家族の人に電話しよう。

96

安全マップをつくろう！

自分の家から学校のまわりを中心に，犯罪に関して安全な場所や危険な場所を調べてまとめたものを「安全マップ」というよ。

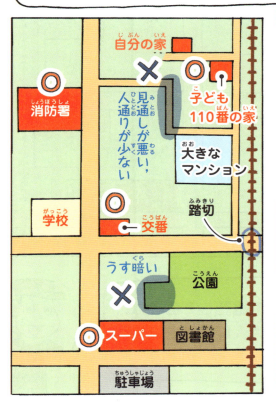

安全マップのつくり方

❶ 家から学校までの地図をつくる。
❷ 公園などのよく行く場所を書きこむ。
❸ 危険な場所と安全な場所を書きこむ。

✕ 危険な場所
見通しが悪い道，人通りの少ない道，暗い道など

◎ 安全な場所
スーパー，コンビニなどの店，子ども110番の家，交番など

町を歩いて調べるときは，家族の人など，大人といっしょに行こう！

3章 あやしい人

安全マップについて話し合おう

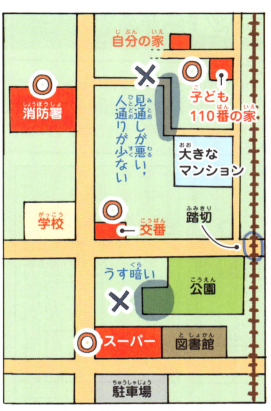

こんな地図があるとオレたち困るでヤンス。

4章 家の中

 ## コンセントに注意しよう

コンセントで感電することもある！

●ぬれた手でさわる　　●穴にものを入れる

感電すると大変なことに！絶対にダメだよ!!

ワルーCHECK! 電源コードのあつかい方

●引っぱらない　　●しめつけない

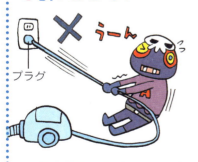

コードの中の電線が切れると、火事の原因になることもあるのだ!!

コードを引っぱらずに，プラグを持って抜こう。

コードに重いものを乗せたり，無理に曲げたりしない。

キッチンで気をつけること ①

包丁などの刃物

●持ったままうろうろしない　●適当に置かない

> 包丁などの刃物は使い方をまちがえると大ケガにつながる。大人といっしょのときに使おう。

ガラスや陶器の食器

●ていねいにあつかう　●割れたら近づかない

> 食器を割ってしまったら，さわらないように。ふんだらケガをするので，スリッパをはいて，大人にかたづけてもらおう。

105　4章 家の中

キッチンで気をつけること❷

ガスコンロ

●まわりにものを置かない

火が燃えうつると火事の原因になる！

●ガスもれに注意する

何かで火が消えて，ガスもれすることもある！ 必ず窓を開けて換気しよう。換気扇を回すと爆発することがある。

炊飯器・ポット・やかん

●吹き出し口に顔を近づけない

蒸気でやけどする！

●お湯を出すときは注意する

熱湯がかかってやけどする！

キッチンで遊んではいけないよ！

食事のときに守ること ①

●食事前に手を洗う

手を洗わないと，菌やウイルスに感染して，病気になるかも。

●古くなったものは食べない

食べ物がくさっていると，おなかをこわすかも。

賞味期限や消費期限を確認して，古いものは口にしないようにしよう。

ワルーCHECK！ 手の洗い方

① 手の甲を洗う

② 指の間を洗う

③ つめとしわの間と手首を洗う

つめやしわの間によごれが残りやすいぞ。

4章 家の中

食事のときに守ること ❷

● あわてて食べない

熱い汁をこぼしてやけどする。

● 食器で遊ばない

フォークやナイフでケガをする。

● よくかんで飲みこむ

のどにつまると危険。

● 熱いものにさわらない

注意しないとやけどする。

ワルーCHECK! やけどしたときの応急手当て

● 手や顔をやけどしたとき

すぐに水で冷やそう！

● 服の上からやけどしたとき

服を着たまま冷やす。服をぬぐと、ひふがはがれることも！

110

# アレルギーのことを知っておこう！

アレルギーってどうなるの？

●ひふがはれる，かゆくなる

●せき，くしゃみ，鼻水が出る

●口やのどがはれる，いがいがする

●はき気，腹痛，めまいがする

こわい　アナフィラキシー

ハチにさされたり，薬を飲んだりすると，短い時間で全身にアレルギーの症状が出ることがある。命にかかわることもあるので，すぐに救急車を呼ぼう！

症状が軽いと思っても安心せず，ひどくなる前にお医者さんにみてもらおう。

アレルギーはなぜ起こるの？

アレルギーの原因となる物質が体の中に入ってくると，体が敵とみなして過敏に反応し，アレルギーが起こるんだよ。

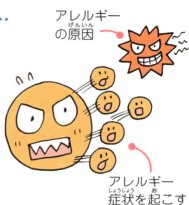

何が原因でアレルギーになるの？

●食品

卵　牛乳　小麦　そば　エビやカニ　ほかにもいろいろ…。

●薬や化学調味料など

●花粉，カビ，ほこりなど

●ダニやハチなど

●化学せんい，金属，ゴムなど

人によってアレルギーの原因になるものはちがうよ！

アレルギーが出ないようにするには？

● 病院でアレルギー検査を受ける

➡ 自分が何のアレルギーかを知っておこう。

● アレルギーの原因を体に取り入れないようにする

➡ アレルギーの程度によって，親と相談しよう。

● アレルギーの原因となるものを身につけない

例 ポリエステルの服　ゴム手ぶくろ

➡ 肌がかぶれたり，はれたりしてしまうよ。

● こまめにふとんを干し，部屋のそうじをする

➡ ダニやほこりをとりのぞこう。

食べ物を人に無理やりすすめるのはやめよう。

5章 学校

どうしてろうかを走ってはいけないの？

● 転ぶので危ない　　● 人にぶつかるので危ない

ろうかを走ると、転んだり人とぶつかったりしてケガをするぞ！

教室でケガをすることはある？

教室で走ると…

● いすや机にぶつかる　　● 人にぶつかる

ぶつかったりつまずいたりしてケガをすることもある。教室ではゆっくり移動しよう。

こんな遊びをするとケガをするかも

● プロレスごっこ　　● チャンバラごっこ

打ちどころが悪いと大ケガをすることもある。教室であばれないようにしよう！

遊具でケガをしないために ①

すべり台

●押さない，とびおりない

落ちたら大ケガをする。

●危ないすべり方をしない

足を下にしてすべろう。

ブランコ

●手をはなさない

落ちるとケガをする。

●近くに寄らない

ぶつかってケガをする。

> ふざけた使い方をするとケガにつながる。
> 正しく使って楽しく遊ぼう。

遊具でケガをしないために ❷

鉄棒・うんてい

●しっかりにぎる

落ちたらケガをする。

●まわりに気をつける

ぶつかったり、けったりしないよう気をつける。

ジャングルジム

●押さない

●無理をしない

高いところから落ちると大ケガにつながる。

まわりに人がいる場合は十分注意して遊ぼう。自分がケガをするだけでなく、ほかの人もケガさせてしまうからね。

体育の時間にケガをしないために

● 準備運動をする ◯

● ふざけない ✕

● 無理をしない ✕

体調がすぐれないときは無理せず見学しよう!!

ワルーCHECK! 水泳の時間に守ること

● プールサイドを走らない

● ふざけない

すべりやすいので危ない。

おぼれる事故につながりかねない。

危ない!! 図工の時間に起こる事故

彫刻刀やカッターなど

● 自分の手を切る

刃の先に手を置かないように！

● 人にケガをさせる

刃物でふざけて遊ぶと危ない。

かなづち

● 自分の指を打つ

慎重にくぎの頭を打とう。

● 人にケガをさせる

ふざけてふり上げない。

図工では危険な道具を使うので、ふざけずに必ず正しい使い方をしよう。

理科の実験で守ること

アルコールランプ

● 必ずマッチで火をつける

● たおれてしまったら、ぬれぞうきんをかける

アルコールがこぼれて危ない。

燃え広がるのを防ぐ。

薬品

● なめたり飲んだりしない

● 薬品どうしを混ぜない

体に毒なので絶対にダメ！
体についたら水で洗おう。

反応して爆発することも！

必ず先生の指示にしたがうこと！ 大事故になってしまうよ！

5章 学校

 # 家庭科の時間に気をつけること

身じたく

● エプロンをする　　● 髪をたばねる　　● 手を洗う

よごれが服につかないように。　髪が料理に落ちないように。　ばい菌を落とす。

うでまくりをして，そでが料理につかないようにすることも大事だよ。

調理　ガスコンロで気をつけること

● まわりに燃えやすいものを置かない　　● ガスがもれたらすぐ窓を開け，ガス栓を閉める

包丁で気をつけること

●刃を向けてわたさない

●テーブルのはしに置かない

調理器具は安全に正しく使うようにしましょう！

虫めがねで火が…

虫めがねで遊んでみよう。

火がついた！
何してんのよ！

火事になるじゃないの！

それはよし!!
目からビームは？

虫めがねで火遊びしたらダメだよ！

デッドボール

うりゃ――！

いってぇ!!
あっごめん!!

何すんだ警吾!!
わざとじゃないし!!

それはよし!!
ワルー団にいつも当ててるじゃないか!!

野球をするときは気をつけよう！

6章 災害

地震のときの身の守り方 ①

● 机の下などに入る

落下物から頭や首を守ろう。

● たおれてくるものからはなれる

背の高い家具がたおれることもある。

● ドアは開けておく

ドアが開かなくなることがある。ゆれが落ち着いたら開けよう。

● あわてて外に出ない

車がふらついてきたり，看板などが落ちてきたりすることも。

地震が起きたら，まず落ちてくるものやたおれてくるものから自分の身を守ろう。

6章 災害

地震のときの身の守り方 ②

● 海や川に近づかない

● 防災無線を聞く

地震が起きたら 火の元を断とう！

● コンロの火を消す

コンロに近づくのはゆれがおさまってから。

● ストーブやヒーターなどを消す

ストーブなどがたおれて、火事になることがある！

● ガスの元栓をしめる

ガスに火がつくと爆発が起きてとても危険。電気を止めるため、ブレーカーも切ろう。

もしものときのために！ 地震の前に準備しておくこと

●非常持ち出し袋を用意する（家族全員ぶん）

- 軍手
- 懐中電灯
- 水
- 非常食
- ラジオ
- 常備薬
- ティッシュペーパー
- マスク
- 防寒着

※上に挙げたもの以外にも，自分で必要なものを入れておこう。

3日分を目安に自分で持てる量をつめておこう。

●避難場所を確認する

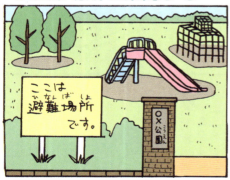

学校や公園など広い場所が多い。看板があるので確認しておこう。

●家具の転倒を防ぐ

棚の上に重いものを置かないことも大事だよ。

外出先で大きな地震が起きたら！？

まずは自分の体を守る

- 自動販売機，ブロックべいなどのたおれたら危ないものからはなれる。
- かばんや持ち物で頭を守ってうずくまる。

> たおれそうなものからはなれよう！

ゆれがおさまったら，安全な場所へ避難する

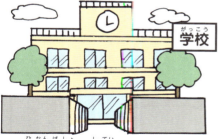

学校 — 避難場所に指定されている。

広い公園 — 落下物がないので安全。

こんな場所は危険！

建物のそば ✕
看板やガラスが落ちてくる！

海岸の近く ✕
津波がくるかもしれない！

がけの近く ✕
土砂がくずれてくる！

こんな場所にいるときはどうするの？

●エレベーターの中

すべての階のボタンを押して、止まった階で降りる。閉じこめられたら、インターホンで連絡する。

●歩道橋などの橋の上

ゆれがおさまるまでは、手すりにつかまって動かないように。ゆれがおさまったら、安全なほうへわたる。

●地下鉄・地下街

ホームから落ちないよう、柱や壁の近くへ行き、落下物から身を守る。停電が起こってもあわてないように。

●スーパーやコンビニ

棚からなるべくはなれて、買い物かごなどをかぶって身を守る。あわてて出入口へ行かないように。

あわててパニックにならないように！
たおれてくるもの、落ちてくるものに注意して、頭や首を守ろう！大地震のあとは余震が続くので、安全な場所からはなれないようにね。

近年起きた大地震

阪神・淡路大震災

発生日	1995年（平成7年）1月17日
場所	兵庫県神戸市を中心とした地域
特ちょう	●はげしいゆれによって、多くの家やビルが被害を受けた。高速道路も倒壊した。 ●火災がいたるところで発生し、多くの人たちが亡くなった。

東日本大震災

発生日 2011年（平成23年）3月11日

場所 宮城県，岩手県，福島県を中心とした東日本の広い地域

特ちょう
- 高い津波が発生し，多くの建物や人が流され，亡くなった。
- 福島の原子力発電所が大きな被害を受け，多くの人たちが避難することとなった。

熊本地震

発生日 2016年（平成28年）4月14日，16日

場所 熊本県を中心とした地域

特ちょう
- 最大震度7の大きなゆれが4月14日と16日の2回あった。
- 多くの家が被害を受け，土砂くずれも起きた。

ほかにも，新潟県中越地震（2004年）や，十勝沖地震（2003年）など，日本のいろいろな場所で地震が起こっているよ。

台風のときに守ること

●外に出ない

風でものが飛んでくる！

●川や海に近づかない

川は急に水かさが増え，海は波が荒くなる！

●山に近づかない

がけくずれにまきこまれるかも！

●植木鉢や自転車を外に出しっ放しにしない

風で飛ばされることも！

台風が来ているときは，外に出ないようにしよう。

6章 災害

道路に水があふれていたら？

●道路わきの用水路に近づかない

用水路にはまって流される。

●地面を確かめながら歩く

マンホールや側溝のふたが流されていることもある。

できるだけ水があふれていないところを歩いて，安全に避難するのだ。

危険！ 雷をさけるためにすべきこと

●がんじょうな建物の中に避難する

建物の入口は危ない。中に入ろう。

●高い木や電柱のそばからはなれる

雷は高いものに落ちやすい。木などから2ｍ以上はなれよう。

●避難するときは、かさをささない

雷はとがったものに落ちやすい。

●近くにある家族の車に入る

車内では金属の部分にさわらないように。

雷が近くに落ちると、パソコンが故障することがある。コンセントを抜いておこう。

ゲリラ豪雨になったら…

地下にいるとき
●地上の建物に避難する

地下に水が流れこむかもしれないので、地上に上がろう。

川の近くにいるとき
●川からはなれる

水かさの増えた川に流されるかもしれない。

道路を歩いているとき
●無理をして移動しない

前が見えない。

視界が悪いので、車やバイクなどにぶつかるかもしれない。

●足元に注意する

危ない！

マンホールや側溝のふたがはずれていることもある。

水に流されたり、浸水などで取り残されたりすると危ないので、安全な場所に避難しよう。

ふしん火を見かけたら…

● 大声でまわりに知らせる ● 119番に通報してもらう

近くにいる大人を呼ぼう。　消防車を呼んでもらおう。

大人に知らせて，火を消すための最善策をとってもらおう！

火災について知っておくこと

火災を起こさないために

●火を使っているときは目をはなさない

●火遊びをしない

子どもだけで火を使ったらダメだよ。

もし，火災を起こしてしまったら…

●すぐに避難する

●けむりが広がってきたら，姿勢を低くして避難する

けむりは上にのぼるから，姿勢を低くするんだ。口と鼻にタオルやハンカチを当て，急いで逃げよう。

152

近くで火災が起きたらどうする？

●まわりに火災を知らせる

火災の被害が広がるのを防ごう。

●119番に通報してもらう

近くの大人に，消防車や救急車を呼んでもらおう。

●火災現場に近づかない

やけどなどのケガをするかもしれない。

●やじうまにならない

消火活動のじゃまになる。

火災を見かけたら，まわりの大人に知らせて安全な場所に避難しよう。

自分で消防車を呼ぶことになってしまったら…

1. 119番に電話する
2. 「火事です」と伝える
3. 場所と燃えているものを伝える
4. 自分の名前を伝える

火災への備え

警報器 けむりや熱を感じるとブザー音が鳴る。

天井についている

大変!!

消火器 小さな火を消すことができる道具。使うときは，大人に手伝ってもらおう。

消火器の使い方

①
安全ピンを上に引き抜く。

②
ホースをはずして，火元に向ける。

③
レバーを強くにぎって，ふんしゃする。

- 風上からふんしゃする。
- 炎の先ではなく，根元にふんしゃする。

おそろしい テロ集団によるいろいろなテロ

●爆弾や銃によるテロ

爆弾や銃で無差別に人がねらわれる。

●生物・化学兵器のテロ

電車やバスの中で、ウイルスや毒ガスなどがばらまかれる。

●乗り物によるテロ

乗っ取られた飛行機や車が、ビルなどの建物に突入する。

●毒物混入のテロ

売ってある食品などに、有害なものが入れられる。

6章 災害